SMYKKER FRA SMITT OG SMAU
Doors, Windows and Shingles of Bergen

Et eksempel på det tidlige
1900-tallets materialglede og
sans for historisk-romantiske
motiver. Kalfarlien 36:
Tyskpreget jugend-barokk.

*An example of early twentieth
century pleasure in materials
and appreciation for romanticized
historical motifs. Kalfarlien 36:
German influenced Neo-Baroque.*

SMYKKER
fra
SMITT *og* SMAU

Doors, Windows and Shingles of Bergen

SÆRPREGETE ARKITEKTONISKE DETALJER
FRA BERGEN

FOTOGRAFIER AV
Christopher Korch

TEKSTER AV
Per Jahn Lavik

UNIVERSITETSFORLAGET
BERGEN · OSLO · STAVANGER · TROMSØ

© UNIVERSITETSFORLAGET 1984

ISBN 82-00-05597-3

Layout: Wanda Srebro

A.S John Grieg

Innledning

At Bergen har sitt helt spesielle særpreg, synes å være noe både bergensere og tilreisende er enige om. Hvem av dem som først kom på det, skal være usagt. I denne boken vil vi naturlig nok ta for oss det rent visuelle særpreg, det synlige uttrykk for byens egenart og atmosfære. Også i den sammenheng synes det fåfengt å spørre seg om det var Bergen som skapte bergenserne eller omvendt. Derimot kan det være nyttig å spørre om særpreget er verdt å ta vare på, hva det i så fall består i, og hvor mye som er igjen i dag. Hvis denne boken kan medvirke til at slike spørsmål blir stilt, vil den også kunne være til nytte, i tillegg til at den forhåpentligvis vil være til glede.

Alle som har uttalt seg om Bergens særpreg, har vært enige om å legge sterk vekt på den rolle natur og topografi spiller for det bergenske bybildet. Så lenge den er den samme, vil ikke særpreget kunne utviskes, heter det. Men over hele verden kan vi nå se hvordan den moderne industrialiserte arkitektur og samferdselsteknikk kan utviske og forflate de mest varierte utgangspunkt. Psykologiske studier av sansing og oppfattelse har vist at ikke minst vår tids storbymenneske har bruk for landemerker å orientere seg etter i tid og rom.

Bergen har vært rammet av mange store katastrofer og omveltninger. Med en bykjerne som har utviklet seg på de samme snevre geografiske områder gjennom 900 år, er den allikevel preget av en etter nordeuropeiske forhold sjelden urban kontinuitet. I middelalderen var det kirken som dominerte bybildet, med over 20 kirker og kapeller og klostre. I dag står bare tre av disse kirkene og noen ruiner igjen, i tillegg til levninger av kongemaktens anlegg på Holmen – det senere Bergenhus slott og festning. Samtidig med at de fleste kirkelige anleggene sank i grus i reformasjonsårhundret, reiste det seg en ny dominant på Bergenhus. Slottsherren Erik Rosenkrantz bygget i 1560-året kong Magnus Lagabøters gamle portkastell om til Rosenkrantztårnet, det som senere tider har kalt renessansens skyskraper. På Strandsiden bygget han som sin forgjenger Valkendorf sitt murte privathus, med kirkeruiner som steinbrudd. Valkendorfs er fremdeles byens rådhus – meget beskjedent etter samtidige europeiske mål. I forhold til da kong Håkon Håkonsson bygget sin gildehall 300 år tidligere var Bergen uvegerlig blitt provins, selv om den stadig var Nordens største by. Utover 1600-tallet var det vesentlig barokkens befestningskunst som preget bybildet sammen med Bryggens gavler og de lange rekker av sjøboder, som dominerte Strandsiden av Vågen og etterhvert også erobret Sandviken, Skuteviken og Sydnes.

Som det meste av byen, ble også sjøbodene stadig bygget i tre – noe som varte ved helt frem til annen halvdel av forrige århundre. Bergen på det tidspunkt har senere vært karakterisert som den største treby som noen gang har eksistert – i alle fall i Europa. De mange bybranner som ble følgen førte med seg stadige hamskifter etter de vekslende stilarter. De forholdsvis jevne forhold i borgerskapet skapte et malerisk konglomerat av små og mellomstore trehus – fra 1700-tallet av preget av den vestlandske panelarkitekturs sirlige netthet i detaljen. Nye tekningsmaterialer og typer av ildsteder muliggjorde etterhvert høye, steile tak, som sammen med arker og kvister gav en bedre utnyttelse av loftsetasjene. Den maleriske effekten av dette understrekes av det kuperte terrenget. Med klassisismen fra overgangen til 1800-tallet får vi «den hvite by med de røde tak», som er så kjent fra Dreiers prospekter. Samtidig holdt de mere barokke særtrekkene seg, i strid med de nye klassiske idealer. Fra omkring 1830 seilte Christiania opp og forbi Bergen som landets største by, og Bergen ble etterhvert betraktet som en snurrig, men gammeldags overlevning av en by. Dette har nok svidd i de ærekjære bergenseres hjerter. Begynnende industrialisering fra midten av århundret, nye kommunikasjonsmidler og en beleilig brann dannet en foreløpig beskjeden innledning til det store bruddet som kom for fullt i 1880-årene. Nye byggmetoder og -materialer kombinert med nye økonomiske muligheter, gjorde at drømmen om en mer «bymessig» by kunne realiseres. Ny historisk kunnskap og bevissthet gjorde at stilarter fra fjerne epoker og land kunne hentes frem og gjenskapes i tegl, sementstukk og sink. Det er den internasjonale historisme, som nok ble hilst med begeistring og uten særlige motforestillinger hos de fleste i samtiden. Men den nære ettertid reagerte, som så ofte, skarpt mot utskeielsene. *«Det ble berlinerstilens og den tyske godtkjøpsstils trøstesløse by»* og *«Det nye Bergen vokste ikke frem av det gamle»*, sier museumsmannen og lokalhistorikeren Chr. Koren-Wiberg. Og han hadde et hjerte som banket varmt for sin by. En lengelevende arkitekt som Schak Bull øvde selvkritikk. I dag har vi fått også dette på stor nok avstand og kan innta en mer avslappet holdning til fenomenet – særlig fordi storbrannen i 1916 berøvet oss det meste også av denne arkitekturen. Og det er ikke minst fra denne fasen at Christopher Korch har hentet mange av sine fotogene motiver.

Reaksjonen var internasjonal. Den førte etter det mellomspill vi kaller art nouveau eller jugend til en ny historisme. Men denne gang med et ideal om tilpasning til lokale forbilder. Til Bergen kom den nye bølgen akkurat i tide til å prege de første faser av gjenreisningen etter 1916-brannen. Bergen hadde utvilsomt gode forbilder å øse av i sin eldre lokale byggeskikk. Og vi var så heldige samtidig å ha en generasjon av uvanlig fine og entusiastiske arkitekter, med Einar Oscar Schou, Egill Reimers og Ole Landmark i spissen.

Etter dette måtte det også komme en reaksjon. Fra omkring 1930 slo funksjonalismen inn for fullt, med slagord som *«ornamentet er en forbrytelse»* og *«all god arkitektur er bergensk, all bergensk arkitektur er dårlig arkitektur»*. Det ble også skapt en god arkitektur under disse faner. Men etter krigstidens stillstand har de vel helst vaiet som slappe unnskyldninger over estetisk evneløshet og likegyldighet. I dag er vi så sløvet av trafikkforslummingen at vi ikke en gang trenger unnskyldninger. Derfor kan det også være et behov for bøker som denne.

Introduction

Although we won't speculate as to who made the discovery first, it seems that residents and visitors alike agree that Bergen is a unique city. In this volume we shall, of course, examine its distinctive visual features, the observable expressions of Bergen's identity and characteristic atmosphere. In this context it seems futile to ask whether the city has shaped its inhabitants, or vice versa. It may, however, be worth while to ask whether the unique character of Bergen should be preserved, and if so, to determine its nature and the extent to which it still exists today. If this book can contribute to such an enquiry, it will be of value beyond whatever pleasure it hopefully gives the reader.

Everyone who has commented on the unique character of Bergen has emphasized the important role played by nature and topography in the appearance of the city. As long as these remain the same, it has been said, this unique quality cannot be destroyed. Throughout the world, however, we see now how modern industrialized architecture and modes of transportation can obscure and vulgarize the most varied environments. Psychological studies of sensation and perception have shown that contemporary urban dwellers, not less than other groups, need landmarks in order to orient themselves in time and space.

Bergen has been the victim of many catastrophes and upheavals. With a city center that had developed within narrow geographical limits over a period of 900 years, Bergen is nevertheless characterized by an urban continuity that is unusual for a northern European city. During the Middle Ages, the Church dominated the townscape; there were more than 20 churches, chapels and cloisters. Today, there are only three of these churches and a few ruins remaining, in addition to the remains of the royal residence on Holmen – what was later to become Bergenhus castle. At the same time as most of the ecclesiastical buildings were destroyed during the Reformation, a new power emerged on Bergenhus. During the 1560s, Erik Rosenkrantz, the bailiff, transformed King Magnus The Law Mender's old gate house into Rosenkrantz tower, an edifice that was dubbed the "Renaissance skyscraper" by later ages. Like his predecessor Valkendorf, Rosenkrantz built on the Strand side a private residence of masonry, using church ruins for quarries. Valkendorf's residence is still the city hall – very modest on a contemporary European scale. From the time when King Håkon Håkonsson built his guildhall 300 years before, Bergen had inevitably become provincial, despite the fact that it remained the largest city in Scandinavia. Throughout the seventeenth century, the city's appearance was characterized essentially by the Baroque art of fortification, along with Bryggen's gables and the long rows of fish merchants' storehouses which dominated the Strand side of Vågen, and which after a time were also built along Sandviken, Skuteviken and Sydnes.

Like most of the city, the storehouses were always built of wood, a practice that continued until the second half of the nineteenth century. It has later been said that Bergen at that time was the largest wooden city that has ever existed – at least in Europe. The many extensive fires that resulted from such wide-spread use of wood led to repeated moltings dictated by changing architectural styles. The relatively small differences in status and wealth among the burghers led to the creation of a picturesque conglomeration of small and medium sized wooden houses which, from the eighteenth century on, were characterized by a refined neatness of detail characteristic to West Norwegian panel architecture. New thatching materials and the introduction of chimneys made possible, after a time, high, steep roofs, which, along with dormers and garrets, provided for an improved utilization of the top stories. The picturesque effect of this is emphasized by the ascending terrain. Along with Neo-Classicism at the turn of the eighteenth century, we find "the white city with the red roofs" that is so well known from J.F.L. Dreier's vistas from the period of c. 1810–30. At the same time, the more Baroque characteristics were retained, in conflict with Neo-Classical ideals. About 1830 Christiania (Oslo) bypassed Bergen as Norway's largest city, and Bergen began to be thought of as an odd, but old-fashioned relic of a city. This surely wounded the pride of Bergen's residents. The beginning of industrialization in the middle of the century, new means of communication, and a convenient fire provided a temporarily modest introduction to the great changes that were to be fully felt in the 1880s. New construction methods and building materials, along with new economic opportunities, made it possible to realize the dream of a more "city-like" city. New historical knowledge and consciousness permitted the recreation of architectural styles from far-away lands and long-ago times in brick, stucco and zink. This was international historicism, which was hailed at the time enthusiastically and, for the most part, uncritically. But it was not long before a reaction set in, as it often does, against the extravagances of the period. "It became the city of the Berlin style and German bargain style drabness." "The new Bergen did not grow out of the old," according to Chr. Koren-Wiberg, a curator and local historian. His heart beat warmly for his city. A longevous architect such as Schak Bull was self-critical. Today, we are far enough removed in time from this reaction that we can take a more relaxed view of the phenomenon – not least because the great fire of 1916 destroyed most of that architecture. And it is from this phase that Christopher Korch has found several of his photographic subjects.

The reaction was international and led, after an interim style that we call *Art Nouveau*, to a new historicism. But this time the ideal was to adopt things to local models. This new wave arrived in Bergen just in time to influence the first phases of reconstruction after the fire of 1916. Bergen undoubtedly had good models to follow in its older local building practices. And we were lucky enough to have at the same time a generation of unusually talented and enthusiastic architects, with Einar Oscar Schou. Egill Reimers and Ole Landmark in the vanguard.

After this another reaction was bound to follow. Functionalism made its full impact around 1930, with slogans as, "Ornamentation is a crime," and "All good architecture is Bergen architecture, all Bergen architecture is bad architecture." Good architecture was also created in the name of these ideas, but since World War II, they have served for the most part as feeble excuses for aesthetic ineptness and indifference. We are today so dulled by traffic-caused urban decay that we don't even require excuses. For this reason there may also be a need for books such as this one.

Bergen Børs.

Kjøbmannsstuen, Bryggen 8.
Arkitektene Fredrik Arnesen og
Arthur Darre Kaarbø 1912.
Tårnmotivet hentet fra Bergens
gamle børs på Bryggen.

Rosenkrantztårnet, 1563. Tak og
trappetårn med kuppel rekonstruert
etter sterk krigsskade i 1944.

The Bergen Stock Exchange.

«Kjøbmandsstuen» Bryggen 8.
Architects Fredrik Arnesen and
Arthur Darre Kaarbø, 1912.
The steeple motif is taken from the
old Bergen stock exchange on
Bryggen (The Hanseatic Wharf).

Rosenkrantz tower, 1563. The roof
and domed staircase turret were
rebuilt after extensive wartime
damage in 1944.

Bergen Børs.
The Bergen Stock Exchange.

Domkirkens spir.
Reist etter brannen i 1702
av arkitekt Johan Conrad Ernst.

The Cathedral's spire. Rebuilt after
the fire of 1702 by the architect
Johan Conrad Ernst.

Bergen Børs. Den første børsbygningen på tomten stod ferdig i 1862 – arkitekt F.W. Schiertz. Grunnarbeidene ble så dyre at bygningen måtte gjøres vesentlig lavere enn planlagt – etter sigende til arkitektens livslange sorg. Behovet for utvidelse meldte seg forholdsvis snart. En arkitektkonkurranse i 1886 ble vunnet av Trondhjemsarkitekten Lars Solberg – født 1859, samme år som grunnsteinen til Schiertz' bygning ble nedlagt. Denne, som trolig utgjør kjernen i den nye, hadde med sine flate tak og pussete fasader et mere klassisistisk preg. I Solbergs bygning møter vi nyrenessansen på det livligste – i både form og materialer – med forbilder i renessansen nord for Alpene. Solberg var, som så mange av historismearkitektene – utdannet i Hannover.

The Bergen Stock Exchange. The first stock exchange on this site was completed in 1862. The architect was F.W. Schiertz. The work on the foundation was so expensive that the building itself had to be built considerably lower than planned, reportedly to the life-long disappointment of the architect. The need for expansion was felt relatively soon. In 1886 an architectural design contest was won by the Trondheim architect Lars Solberg, who had been born in 1859, the same year that the cornerstone of Schiertz' building was laid. The original building, which probably constitutes the heart of the new, had a more classical appearance, with flat roofs and plaster façades. We meet in Solberg's building the Neo-Renaissance style at its liveliest – in both design and materials – with its origin in the Renaissance north of the Alps. Like so many historicist architects, Solberg had been trained in Hannover.

Tak og tårn

I middelalderen var det som nevnt kirkespirene som dominerte bybildet. Som de fleste kirketakene var de nok den gang helst tekket med bly. Tekking med trespon og bord forekom nok også, i alle fall på stavkirker, og dessuten skifertekking, som Håkonshallen hadde. Senere ble det færre av kirkene, og de fikk sine spir og tårnhjelmer tekket med kopper, som får en slik vakker patina i bergensklimaet. Privathus hadde stort sett torvtak. Det bekreftes av sagaopplysninger og av det eldste kjente bergensbildet, det såkalte Scholeus-stikket fra 1580. På det kan vi se småfe som beiter på hustakene i forgrunnen. Av lensregnskapene blir det bekreftet at trappetårnet på det da splitter nye Rosenkrantztårnet også hadde koppertekket løkkuppel, kronet av en forgylt værfløy i form av *en Haffrue holdendis Norriges Riiges Vaaben udi Hænderne*.

Et skikkelig lagt torvtak var både tett og lunt. Men kombinert med gnistsprutende skorsteiner var det langt fra brannsikkert nok i en tettbebyggelse. En kongelig forordning fra 1624 påbyr derfor tekking med teglpanner. I Bergen som andre steder må det ha tatt lang tid å få gjennomført et slikt påbud. Men etter den store bybrannen i 1702, ser det ut til at pannetakene er gjennomført i det egentlige byområde. Dette gjorde det mulig med

en steilere takreisning, som kombinert med arker igjen gjorde det mulig å utnytte loftsetasjen til boligformål. Da klassisismen fra slutten av 1700-tallet gjorde lysmalte hus til mote, fikk vi «den hvite by med røde tak». Enkelte særlig fornemme hus og offentlige bygninger fikk dessuten fra midten av 1700-tallet blå- eller sortglasserte panner.

Med industrialismens leiegårder fra 1880-årene forsvant fargegleden. Vi får grå sementpussede fasader med grå lappskifer. I Bergen var det særlig Vosseskiferen som både ved pris og kvalitet utkonkurrerte teglpannene. Skjønt helt forsvant de heldigvis aldri. Med den bevisste gjenopplivning av lokal byggeskikk i mellomkrigstiden (nybarokk og nyklassisisme) kom de inn igjen for fullt. I gjenoppbyggings-fasen etter siste krig var de nesten enerådende, noe som vel først og fremst skyldtes at arkitekt Ole Landmark var en sterk og myndig formann i Tilsynsutvalget for byens utseende. I dag holder de røde panner igjen på å tape terreng, særlig på grunn av nye og billigere materialer. Om disse i det lange løp også er bedre gjenstår å se. Fra et estetisk synspunkt er de vel neppe det.

De nybarokke stilfaser på slutten av 1800-tallet og i mellomkrigstiden yndet også de irrgrønne koppertekte spir, tårnhjelmer og takarker. Det samme gjorde den mellomliggende jugendfasen. På den måten er det mange steder skapt maleriske poenger. Slik utsmykning er ikke av minst betydning i en by med Bergens terrengforhold, der hustakene ofte kan sees ovenfra.

Roofs and steeples

As we have noted, church spires dominated the Bergen skyline during the Middle Ages. Like most church roofs, they were probably covered with lead. To be sure, some were covered with wooden shingles and planks, at least those on stave churches, or with slate, like Håkon's Hall. Later, there were fewer churches, and their spires and steeples were covered with copper, a material that acquires a beautiful sheen in the Bergen climate. Most private houses had sod roofs. This is confirmed by information from the sagas, and by the earliest known picture of the city, the so-called Scholeus-engraving from 1580. There we can see sheep grazing on the roof-tops in the foreground. From the bailiff's records, it is known that the then brand new Rosenkrantz tower also had a turret with a copper covered cupola, crowned by a gilded weather vane in the shape of "a mermaid holding the arms of the kingdom of Norway in her hands."

A properly constructed sod roof would keep a house warm and free of drafts. But when combined with chimneys and the accompanying sparks, it was far from being fire resistant enough in an area crowded with buildings. For this reason a royal declaration of 1624 prescribed the use of tile roofs. In Bergen, as in other places, it must have taken a long time to carry out an order of this kind. But after the great fire of 1702, it seems that tile roofs replaced the older variety in the city itself. This made it possible to build steeper roofs, which, in combination with dormers, in its turn made it possible to use the attic floors for habitation. When, at the end of the eighteenth century, Neo-Classicism made houses painted in light colors popular, Bergen became "the white city with red roofs." Beginning around the middle of the eighteenth century, a few, particularly stately houses and official buildings were roofed with either blue or black glazed tiles.

With the tenements that arrived with industrialization in the 1880s, this pleasure in color disappeared. Instead we find gray cement façades with gray slate roofs. In Bergen it was especially slate from Voss that won out, both in terms of price and quality, over tiles, although tiles never disappeared entirely. With the conscious revival of

Takventil i typisk jugend-utforming.
Kong Oscarsgate 62–64 (se også
Bergens Privatbank).

A ventilator in typical Art Nouveau
style. Kong Oscarsgate 62–64 (see also
Bergens Privatbank).

vernacular architecture between the wars, tiles again became as common as ever. During the first period of rebuilding following World War II, there still was a strong will to keep up local traditions on this point. Today the red tiles are again being used less frequently than before, basically because of the presence of newer and cheaper materials. It remains to be seen, however, whether these will also prove to be better in the long run. They are hardly an improvement from an aesthetic point of view.

The Neo-Baroque periods at the end of the nineteenth century and between the wars also esteemed the verdigris green copper-covered spires, steeples and dormers. The same is true of the intervening *Art Nouveau* period. In this way, picturesque effects were created in many places. Decoration of this kind is particularly important in a city with terrain like Bergen's, where the roof tops can often be seen from above.

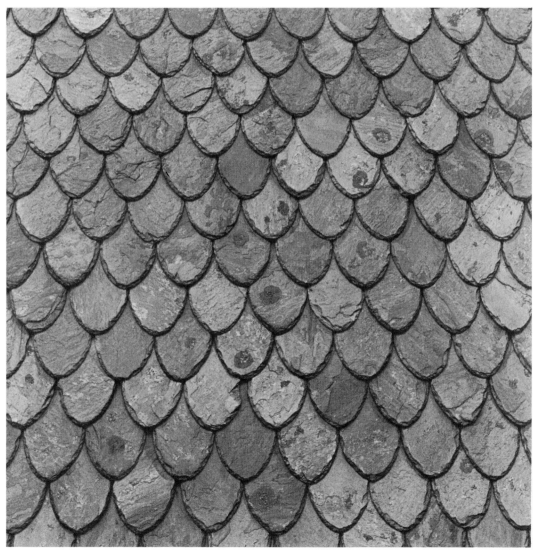

Spontekning, Fantoft stavkirke.
Wooden shingles, Fantoft Stave Church.

Bryggen. Restaurerte 1700-tallstak
med tillempete takvinduer for ny
utnyttelse av loftene.
Arkitekt Hans Jakob Hansteen.

Bryggen. (The Hanseatic Wharf).
Restored eighteenth century roofs
with modified window panes for
a new use of attic space.
Architect Hans Jakob Hansteen.

Slaktehuset i Skuteviken. Takflaten er med sine lange, flate pulttaksarker
typisk for tidens nybarokke stilfase. Dette bidrar til at det store
bygningskomplekset tilpasser seg ganske bra til rekkene av gamle
sjøboder på begge sider. Byarkitekt Kaspar Hassel 1912.

The slaughter house in Skuteviken. With its long, flat attic dormers, the
shape of the roof is typical of the prevailing Neo-Baroque style. This helps
this large complex of buildings fit in with the rows of old store houses on
both sides. City-architect Kaspar Hassel, 1912.

Typisk bergensk
skorstein, som har
vært med å prege
byens profil siden
15–1600-årene.

A typical Bergen
chimney. Chimneys like
this one have been a
part of the city's sky-
line since the sixteenth
and the seventeenth
centuries.

Skorstein av tradisjo-
nell form, men noe
uvanlig høyde, her
sammen med mere
fantasifull utforming
av tak og ventilhette
på dr. Wieseners
folkebad i Nye
Sandviksvei fra 1889.

*A chimney with a
traditional shape, but
of a somewhat unusual
height, along with a
more imaginatively
formed roof and
ventilation hood.
Dr. Wiesener's public
bath, Nye Sandviksvei,
1889.*

19

Romantisk asymmetrisk utforming
og plassering av takflate og skorstein,
som begge er tekket med rødglaserte
panner. Typiske trekk for det tidlige
1900-tallets jugendpregete villa-
arkitektur. Kalfarlien 3.

Romantic, asymmetrical shaping and
positioning of roof surface and
chimney, both covered with red-glazed
tiles. These are typical characteristics
of early twentieth century.
Art Nouveau influenced residential
architecture. Kalfarlien 3.

Centralkirken, (Metodistkirke)
Vetrlidsalmenning. 1916.

Central Methodist Church,
Vetrlidsalmenning.

Kjøttbasaren, Vetrlidsalmenning. Typisk for
1870-årenes romantiske historisme. Vinduene
nærmest nyromanske, trappegavlene nygotiske og
takarkene nybarokk fra vårt århundrede.

The meat market hall, Vetrlidsalmenning. Typical of
1870's romantic historicism. The windows are almost
Neo-Romanesque, the corbie-stepped gables
Neo-Gothic, and the attic dormers Neo-Baroque
from the twentieth century.

Fasader

Gavler mot gate eller sjøfront er et typisk trekk ved nordeuropeiske middelalderbyer. På Bryggen har denne byggeskikken overlevet alle branner frem til 1702.

Da 1700-tallsbebyggelsen på Bryggen ved siste århundreskifte skulle erstattes med «moderne bebyggelse», var det et alminnelig ønske å beholde gavlmotivet. Men dimensjonene ble andre, og trematerialene ble erstattet med tegl – et tradisjonelt materiale på Kontinentet, men fremmed i Bergen. Legg merke til hvor fint materialets dekorative muligheter er utnyttet, og hvor godt det står til nyrenessansestilen. Arkitekter Jens Z.M. Kielland og Edvard M. Madsen.

Gables facing the street or the water-front are a typical characteristic of northern European medieval cities. On Bryggen (The Hanseatic Wharf), this building practice survived all the fires up to 1702. When, at the end of the nineteenth century, the eighteenth century buildings on Bryggen were to be replaced by «modern buildings,» it was a general wish to preserve the gable motif. But dimensions were increased, and wood was replaced by brick – a traditional material on the Continent, but foreign to Bergen. Notice how well the decorative possibilities of the material are exploited, and how well suited it is to the Neo-Renaissance style. Architects Jens Z.M. Kielland and Edvard M. Madsen.

Skuteviksbodene er sannsynligvis
Bergens største konsentrasjon av tre-
bebyggelse fra før 1700, da de store
bybrannene ikke nådde ut hit. Funk-
sjonell bruksarkitektur. Men dette er
200 år før funksjonalismen og tesen
om ornamentet som forbrytelse.
Derfor vindearkenes vakkert
svungne profil.

The store houses on Skuteviken are
probably the oldest concentration of
wooden buildings in Bergen from
before 1700, as the great city fires did
not spread this far. This is functional,
applied architecture, but 200 years
before functionalism with its notion of
ornamentation as a crime. Thus the
lovely curved profile of the winches.

Fra Bryggens maleriske forfall.
From Bryggen's picturesque decay.

Hotelltomten på Bryggen.
The later hotel site at Bryggen.

Vetrlidsalmening 9.
1700-talls midtarkshus
med pussfasade fra
annen halvdel av
1800-tallet.

*Vetrlidsalmenning 9.
Eighteenth century
wooden house with a
plaster façade from the
second half of the
nineteenth century.*

Typisk art nouveau- el. jugend-
fasade, med fri anvendelse av motiver
fra tidligere stilarter. Hjørnet av
Finnegårdsgaten og Rosenkrantzgate.

*Typical Art Nouveau, with a free use
of motifs from earlier styles.*

Byens ansikt fremfor noe. De ærverdige trekk tilhører Stadsporten,
den gamle byport fra 1628, med «ansiktsløftninger» fra slutten av
1700-tallet. «Gud lade den staae udi Fred oc Runde», heter det bl.a. i
en lang innskrift over sydportalen.

*These distinguished features belong to 'Stadsporten', the old city gate
from 1628, with renovations from the eighteenth century. The long
inscription over the south portal reads i. a.: «God let it stand in peace
and eternity.»*

Art nouveau. Vetrlidsalmenning.
Slike hus er sårbare for vindusmoderniseringer.

Art Nouveau on Vetrlidsalmenning.
This type of house is easily ruined by
modern windows.

Fra Torvet. Nygotisk pussfasade fra
1880-årene på 1700-talls hus.

From the market place. Neo-Gothic
plaster façades from the 1880s on
eighteenth century house.

Jugendstilens råkoppfase:
Bergens Privatbank. Arkitektene
Arnesen og Kaarbø, 1913.

Art Nouveau's Rubblestone Phase:
Bergens Privatbank. Architects
Arnesen and Kaarbø, 1913.

Kjøttbasaren. Tyskpåvirket histor-
isme-arkitektur. Et markant trekk
ved byens torv. Dømt til rivning i
1960-årene. Nå et anerkjent monu-
ment i fredningsklasse. Arkitekt
Conrad Fr. von der Lippe, 1875.

*The meat market hall: German
influenced romantic archi-
tecture. A dominant feature of the
city's market place, it was slated for
demolition in the 1960s. Today it is a
recognized monument, protected by
law. Architect Conrad Fr. von der
Lippe, 1875.*

Fasader fra Nye Sandviksvei. Mur-
forblending på tre. Typisk for den
anonyme boligarkitektur fra annen
halvdel av 1800-tallet. Nøysomhet,
men ikke fattigdom.

*Façades on Nye Sandviksvei: masonry
on wood. Characteristic of the
anonymous residential architecture of
the second half of the nineteenth
century: unassuming, but not
impoverished.*

En fugl fønix. Opprinnelig et beskjedent trehus i en sammenhengende gårdsrekke (Vossegården) mellom Strandgaten og Vågen frem til en brann i 1901, da det ble staset opp med en nygotisk teglfasade mot den nye C. Sundtsgate. (C. Sundtsgate 12, tidligere Vossegården 6a).

A Phoenix. Originally a modest wooden house attached to others between Strandgaten and Vågen. After a fire in 1901 it was embellished with a Neo-Gothic tile façade fronting the newly laid out C. Sundtsgate.

Fra Fjellsiden. Bernhard Meyers vei. Typisk gateløp fra utkanten av den gamle treby – med brolegning, trappeløp og gasslykter.

From Fjellsiden (The Mountainside): Bernhard Meyers vei. A characteristic street on the outskirts of the old wooden city: with cobblestones, steps and gas lamps.

29

Det enkle gavlhus er gammelt og ærverdig som type og
kan tåle mye før det mister all verdighet.
Sydnessmuget 3.

*The simple gabled house is an old and honorable type of
construction which can be subjected to many changes
without losing its dignity. Sydnessmuget 3.*

Selv ganske små hus får mot slutten av 1700-tallet det herskapelige mansardtaket – innført i Bergen av Nykirkens arkitekt, Johann J. Reichborn, etter brannen i 1756. Fasadeutstyret er ellers fra vår tid. Men gavlvinduet viser vilje til tilpasning. (Fra Engen.)

Toward the end of the eighteenth century even fairly small houses were equipped with elegant mansard roofs. These roofs were first introduced into Bergen after the fire of 1756 by Johann J. Reichborn, the architect who designed Nykirken (The New Church). The rest of the façade is made up of elements from our own time, but i.a. the gable windows show a will to adapt to architectural forms. (From Engen – «The Meadow».)

Begynnende sveitserstil fra 1860-årene. (Fra Skuteviken.)

The first stages of the Swiss style of the 1860s. (From Skuteviken.)

Vinduer

har eksistert i byens kirkelige og kongelige anlegg fra middelalderen, i borgerhusene siden 15–1600-årene, da skorsteinsildsteder gjorde ljoren i taket overflødig. Glass var lenge kostbart og ble brukt som små ruter innfattet i sprosser av bly – fra ca. 1730 i tresprosser. Dermed fortsatte vinduet å være en del av veggen, og skillet mellom ute og inne ble opprettholdt. Gjennom innbyrdes proporsjonering og gruppering i fasaden kunne de bli vesentlige trekk i en bygnings ansikt. Listverk og innramming tok preg av de skiftende stilarter. Panelarkitekturen gjorde det enkelt å la en bygning skifte drakt etter moten. Ofte er det derfor på bortgjemte bakfasader vi kan finne en bygnings opprinnelige vindustype.

Kanskje er det ikke bare tilfeldig at de store sprosseløse glassruter kom samtidig med vulgærfunksjonalismens tro på at det funksjonelle automatisk er vakkert. Om det er så funksjonelt å kunne åpne sin stue som et akvarium mot beferdet gate eller smug, kan diskuteres.

Windows

Windows have been found in the city's churches and royal buildings since the Middle Ages, and in private houses since the sixteenth or seventeenth century, when chimneys made the use of smoke vents in the roof obsolete. For a long time glass was expensive and was used in the form of small panes set in crossbars made of lead, or, after about 1730, of wood. Thus the window continued to be part of the wall, and the distinction between inside and outside was maintained. By means of their relative proportions and their arrangement in a façade, windows could be essential features in the appearance of a building. Molding and frames were influenced by changing styles. The use of paneling made it easy to change the appearance of a building, as tastes changed. For this reason, we can often find a building's original windows on a back façade. It may not just be a matter of chance that large, single pane windows appeared at the same time as the axiom of popularized functionalism that claimed that whatever is functional is automatically beautiful. It is questionable whether it is in fact functional to turn one's living room into an aquarium.

Historisme-arkitekturen fra 1800- og 1900-tallet har med forkjærlighet spilt på utformingen av vinduet og dets omgivelser: 1800-tallet særlig på gotikken og den italienske renessanse, det tidlige 1900-tall på nordisk renessanse og barokk, på hjemlig klassisisme og ikke minst på det generøse engelske karnappvindu (bay windows).

Historicist architecture in the nineteenth and twentieth centuries fondly exploited the design of the window and its context: the nineteenth century in Gothic and Italian Renaissance terms, the early twentieth century in terms of the Nordic Renaissance and the Baroque, local Neo-Classicism, and, not least, the generously proportioned English bay window.

Kjøttbasaren. Arkvindu fra ca. 1920.

The meat markethall: a dormer window from about 1920.

andkaien 28, fra 1928.

andkaien 28, from 1928.

Vetrlidsalmenning 6. Ca. 1915.

Vetrlidsalmenning 6, about 1915.

dusinnramning inspirert av sengotiske forbilder. Hjørnet
Vetrlidsalmenning/Kong Oscarsgate. 1870-årene.

*ndow frames influenced by late Gothic models. The corner
Vetrlidsalmenning and Kong Oscarsgate, from the 1870s.*

Hjørnet av Parkveien/Strømgaten.

The corner of Parkveien and Strømgaten.

nufakturhuset. Vinduer fra 1900-tallet i steinhus fra
okken.

*anufakturhuset": twentieth century windows in a
roque stone building.*

Varianter av nyrenessanse fra 1880- og 90-årene.

Neo-Renaissance variations from the 1880s and 1890s.

Kong Oscarsgate 60.

Øvre Korskirkealmenning.

renessanse på Nye Sandviksvei.

-Renaissance on Nye Sandviksvei.

Øvregaten 35. Vindu fra 1890-årene i 1700-talls hus.

Øvregaten 35: an 1890s window in an eighteenth century house.

Domkirkegaten 7. Det er trolig blomster- og fargegleden som har fristet fotografen. Men her er også mye kultur-historie. Huset er fra 1760-årene. Men fasaden har fulgt det gamle snekkerhåndverkets utvikling til det siste. Med dette vindusutstyret fra 1890-årene står det fremdeles på høyden.

Domkirkegaten 7. The enjoyment of flowers and colors is what probably has tempted the photographer here. We also find, however, a good deal of cultural history recorded. The house stems from the 1760s, while its façade reflects the development of the carpenter's traditional craft down to the present. The excellence of that tradition was still in evidence in the 1890s, as the windows show.

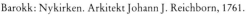

Barokk: Nykirken. Arkitekt Johann J. Reichborn, 1761.

*Baroque: Nykirken (The New Church). Architect
Johann J. Reichborn, 1761.*

«Jugend-Louis XVI».
Sigurdsgate 8. Oppført av
Arkitekt Egill Reimers, 1911.

*Late Georgian-inspired
Art Nouveau.
Sigurdsgate 8. Architect
Egill Reimers, 1911.*

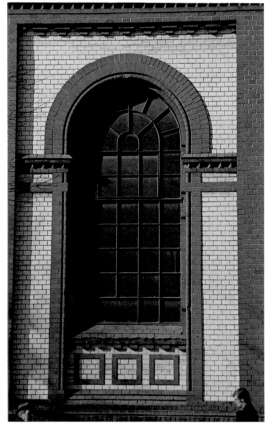

Vinduer i teglmur har sine spesielle muligheter, som
kan utnyttes på forskjellig vis:

*Windows in brick walls provide special opportunities
which can be exploited in various ways:*

Tapt praktbygning fra århundreskiftet. Lysverkenes
tidligere administrasjonsbygning i Strømgaten.
Oppført 1899 av stadsarkitekt Richard Tønnessen.
Revet 1977.

*An elegant building from the turn of the century
which has now been lost. The former administrative
headquarters of the electric power plant on Strømgaten.
Built in 1899 by city-architect Richard Tønnessen.
Demolished in 1977.*

Vinduet som ledd i monumental
pussarkitektur.

*The window as an aspect of monumental
plaster architecture.*

Den nye stil – Art Nouveau – benyttet seg
gjerne av motiver fra de gamle stiler som
barokk og Louis XVI.
Erik Pontoppidansgate 2.

*The new art style – Art Nouveau – did not
hesitate to make use of motifs taken from
older styles such as Baroque and Regency.
Erik Pontoppidansgate 2.*

Blant dens mere selvstendige bidrag var
bruken av plantemotiver – gjerne sammen
med ruglet puss, som her. Foreningsgaten 1.
Arkitekt Jens Z.M. Kielland, 1902.

*The use of botanical motifs was among its
more original contributions, often in
combination with textured plaster, as we see
here. Foreningsgaten 1. Architect Jens Z.M.
Kielland, 1902.*

Motivene kan
kombineres.
Foreningsgaten 1.

*The motifs can be
combined:
Foreningsgaten 1.*

Kombinasjon av groteske
masker og vegetabilske
motiver er et klassisk
motiv, som går igjen både
i renessansen og – som her
– i nyrenessansen. Hans
Holmboesgate 21a.
1880-årene.

*The joining of grotesque
masks and botanical
images is a classical motif
which appears both in
Renaissance and, as we see
here, Neo-Renaissance
styles: Hans
Holmboesgate 21 a. 1880s.*

Representativ nyrenessanse-fasade.
«Permanenten» (Den permanente
utstillingsbygning – huser i dag
Vestlandske kunstindustrimuseum og
Fiskerimuseet). Oppført 1896 av Kristi-
ania-arkitekten Henry Bucher, som
vant arkitektkonkurransen. Bergens-
pressen trøstet seg med at hans
bestefar var bergenser.

Fra 1920-årenes nyklassisisme i brannstrøket.
Strandgaten 18. Arkitektene Arnesen og Kaarbø,
1929. Senere vindusendringer har dessverre utvisket
fasadens karakter.

*1920s Neo-Classicism in the district harried by the
1916 fire. Strandgaten 18. Architects Fr. Arnesen,
A.D. Kaarbø, 1929. A recent renovation of windows
has unfortunately spoilt the façade.*

Wienervinduet, med sprossedeling oppe og hele
ruter nede, er typisk for Art Nouveau-perioden. Olav
Kyrresgate 41. Arkitekt Z.M. Kielland, 1909.

*The "Vienna window", with smaller panes above
and one large pane below, is characteristic of the Art
Nouveau period. Olav Kyrresgate 41.*

Buevinduet var et yndet motiv i
historismens arkitektur.
Allégaten 32.

*The bow window was a favorite
motif of historicist architecture.*

«Permanenten».
«Permanenten».

*A representative Neo-Renaissance
façade: «Permanenten» (the permanent
exhibition hall – today the home of
the Western Norway Museum of
Applied Arts and Crafts and the Fisheries
Museum). Built 1896 by Henry
Bucher of Oslo, who won the
architectural design competition. The local
press consoled itself by recalling that
his grandfather had been from
Bergen.*

Mariakirken. 1700-talls sakristitilbygg.

Mariakirken (St. Mary's Church): an eighteenth century vestry.

1870-årene er en smeltedigel for mange
forskjellige impulser.
Her en nokså gjennomført representant for
senklassisismen. Kalmargaten 1 a. 1879.

The 1870s were a melting pot of
influences from many different styles.
This is a fairly consistently executed
example of Neo-Classicism.
Kalmargaten 1 a, 1879.

Senbarokkens vindustype – her med klassisistiske
detaljer. Zander Kaaes Stiftelse, Kong
Oscarsgate 67. Arkitekt J.J. Reichborn.

*The late Baroque type of window – here with
Classicist detail. Zander Kaae's Alms house,
Kong Oscarsgate 67.*

Zander Kaaes Stiftelse. Oppført som aldershjem i 1770-årene av arkitekt Reichborn, og tjener fremdeles samme formål. Døren er av en alminnelig barokktype. Overstykket har treskurd i ren rokokko, og det samme hadde sprossene i overlyset, som dessverre ble utskiftet i 1940-årene. Portalen er fornyet under empiren, og vinduene i 1860- eller 70-årene. Typisk for den bergenske klassisisme er at arkitektoniske detaljer ikke ble fremhevet ved avvikende farger.

Zander Kaae's Trust. This building was erected as an old-people's home in the 1770s by the architect J.J. Reichborn and is still used for the same purpose. The door is of a common Baroque variety. The upper part is pure Rococo wood carving, as was the transom which unfortunately was replaced in the 1940s. The door mouldings were renovated while the Regency style was in vogue, the windows in the 1860s or 1870s. Characteristic of Bergen Neo-Classicism is the fact that architectural details have not been emphasized by means of color variations.

Dører og portaler

er bygningsledd som i tidligere tider alltid var behandlet med særlig omhu. Her skulle den besøkende ønskes velkommen og eventuelt slås av respekt og ærefrykt. Sjelden behøvde man som i dag være i tvil om hvor en bygnings hovedinngang var.

I Vest-Norge har vi bevart pryddører og praktportaler like fra 1000-tallet, med den berømte Urnes-portalen i Sogn i spissen. De eldste bevarte i Bergen er Mariakirkens romanske steinportaler. Den praktfulle sydportalen har gitt inspirasjon til treportaler i middelalderloft på Voss – og sikkert også i tømmerhus i sagatidens Bergen. Det forgjengelige materialet og de mange bybrannene har imidlertid gjort at ingen treportaler er bevart før 1700-tallets barokk og rokokko. Naturlig nok har vi noen flere fra 1800-tallets klassisisme og empire.

Med det sene 1800-tallets historisme er tiden kommet til murbebyggelse i større stil. Og monumentale portalmotiver blir hentet fra de forskjelligste stilarter. I jugend-perioden ved 1900-tallets begynnelse er forvirringen på dette området blitt fullkommen – selv om helstøpte art nouveau-eksemplarer også finnes. Mellomkrigstidens nyklassisisme anvender igjen de klassiske motiver, men med større kresenhet, og gjerne med lokale forbilder. Med funksjonalismen fra 1930-årene er ornamentet blitt forbrytelse, og grunnen er ryddet for etterkrigstidens «ingeniørarkitektur».

Rasmus Meyers samlinger ved vestbredden av Lille Lungegårdsvann. Arkitekt Ole Landmark, 1924. Typisk for periodens nybarokke formspråk, bygget på lokale forbilder. Baronislottet i Rosendal var et særlig populært forbilde. Her var det forsåvidt ikke nødvendig å gå lenger etter forbilde enn tvers over vannet, til Manufakturhuset. Dette de elendiges bolig har imidlertid ingen praktportal.

Landmark var en av Bergensskolens ledende arkitekter og har laget mere stilrene portaler enn denne, som viser en nokså fri blanding av flere stilarter – renessanse, bruksbarokk, Louis XVI. Toppornamentet er Bergens bymerke slik det fremtrer på 1500-tallets bysegl. Tilsvarende bruk av bymerket finnes på Stadsporten fra 1628.

Rasmus Meyer's Collections on the west bank of Lille Lungegård's Lake: architect Ole Landmark, 1924. It is typical of the period's Neo-Baroque idiom, and was based on local models. In fact it was unnecessary for the architect to look farther for a model than right across the lake, to "Manufakturhuset" – The beggars' spinning house. That home of the wretched had, however, no such elegant gateway.

Landmark, one of the leading architects of the Bergen School, usually designed gateways in a purer style than this one, which is a rather liberal blend of various styles – Renaissance, Auricular, Late Georgian.
The ornament on top is the Bergen city badge in the form in which it appeared on the sixteenth century city seal. A similar use of the city emblem can be found on the city gate from 1628.

Lille Øvregate 9 – en fin representant for Bergens eldste hustype, i et middelaldersk gateløp. Gavlhus med sidegang. Svungen i taket er et indisium for at huset må være bygget etter bybrannen i 1702. Fasaden er dessverre spolert ved full utskiftning av panel og vinduer i 1983.

Lille Øvregate 9: a good example of Bergen's oldest house type, in a medieval streetcourse. A gabled house with entrance and passage on one side. The curve of the roof is an indication that the house must have been built after the fire of 1702. Unfortunately this façade was spoilt by total renewal in 1983.

En gatedør av enkel, men solid og god empiretype. Dørtrykker- og låsbeslag fra jugend-perioden. Lille Øvregate 9.

This is a front door in a simple, but solid and well executed Empire style. The doorbell and lock fittings are from the Art Nouveau period. Lille Øvregate 9.

Fra råkopp-fasen nok en bankbygning, som det tunge og solide materiale synes å ha egnet seg særlig godt til. Inngangspartiet hører til de originale deler av Bergens Sparebanks flere ganger ombygde bygning på Nedre Korskirkealmenning.

Here is another bank from the rubble stone phase. This heavy, solid material seems to be especially well suited to this type of building. The entrance belongs to the original part of the Bergens Sparebank building which is located on Nedre Korskirkealmenning and has been rebuilt several times.

Doors and gateways

Doors and gateways are architectural elements that in the past were always treated with particular care. Here the visitor was made welcome, and possibly even made to feel respect and awe. Unlike today, one was seldom in doubt as to where the main entrance to a building was located.

In western Norway, ornamental doors and magnificent gateways from as long ago as the eleventh century have been preserved, among which the famous gateway of the Urnes stave church in Sogn stands out. In Bergen the Romanesque stone gateways of St. Mary's Church (Mariakirken) are the oldest that have been preserved. The magnificent south gate

has inspired wooden gateways to medieval guild halls in Voss – and certainly also to log houses in the Bergen of the sagas. The perishable nature of the material and the many city fires have, however, been responsible for the fact that the oldest wooden gateways that have been preserved are examples of eighteenth century Baroque and Rococo. As should be expected, there are even more from nineteenth century Neo-Classicism.

Late nineteenth century romanticism brought with it a more wide-spread use of masonry constructions. Monumental gateway motifs were adapted from very different kinds of styles. During the *Art Nouveau* period at the beginning of the twentieth century, the confusion in this area becomes complete, although we do find well-integrated *Art Nouveau* examples as well. The Neo-Classicism of the period between the world wars made use of classical motifs, but with greater discretion, and often employing local models. With the functionalism of the 1930s, ornamentation was considered a crime, and the way was cleared for the "engineer architecture" of the post war period.

Mariakirkens portaler er som nevnt byens eldste bevarte. Sydportalen. Ca. 1130.

The gates to St. Mary's Church are, as we have noted, the oldest that have been preserved in Bergen. This is the south gate from around 1130.

56

Mariakirkens Nordportal.

The north gate.

Domkirken. Sideskipets vestportal.
Fra 1890-årenes restaurering ved
arkitekt Chr. Christie.

*The Cathedral: Porch of the south
aisle from the restoration in the 1890s.
Designed by the architect
Chr. Christie.*

Korskirkens nordportal fra 1632. Den mest monumentale av de få bevarte
bergenske renessanseportaler. Utstyrt med navn og våpen for lensherren Jens Juel
og hustru, fru Idde Gøe.

*Korskirken's (The Church of the Holy Cross) north gate from 1632 is the most
monumental of the few Renaissance gateways in Bergen that have been preserved.
It is equipped with the names and arms of the feudal lord, Jens Juel, and his wife,
Idde Gøe.*

Rokokkoen har vært hovedinspirasjonen for
denne representative inngangen til
Småstrandgaten 1. Arkitekt Ingolf Danielsen
1918.

Rococo has provided the main inspiration for this
representative entrance to Småstrandgaten 1
designed by the architect Ingolf Danielsen,
1918.

«Bergens Kreditbank», Vågsalmenning. Eldste del ferdig 1877. Arkitekt Herman Major Schirmer – sønn av den kjente Christiania-arkitekten Heinrich E. Schirmer. Den eldre Schirmer tegnet flere bankbygninger i hovedstaden med florentinske renessansepalasser som forbilde. En sammenligning av bygningene viser hvor trofast sønnen har fulgt i farens fotspor. Dette gjelder ikke mindre om vi tar med bygningens søndre halvdel, som ble pietetsfullt tilføyet i Schirmers ånd 1911–19 av arkitekt Schak Bull. Bygningen er dessverre dømt til rivning.

"Bergens Kreditbank": Vågsalmenning. The oldest part was completed in 1877. The architect was Herman Major Schirmer, son of a well-known architect from Christiania (Oslo), Heinrich E. Schirmer. The latter designed a number of banks in the capital using Florentine Renaissance palaces as models. A comparison of these buildings reveals how faithful the son was to the work of his father. This is no less true if we consider the southern half of the building, with great reverence added in Schirmer's spirit in 1911–1919 by the architect Schak Bull. This building is, alas, marked for demolition.

Et karakteristisk trekk ved monumentalbyggeriet i begynnelsen av 1900-tallet er bruken av råkopp (grovmeislet gråstein). Legg merke til hvordan det tunge materialet her bevisst er satt opp mot treverkets lette, svungne jugendlinjer i vindusfeltet, som igjen innfatter en dør av rokokkotype. Parkveien 32.

The use of rubble stone (coarsely chiseled granite) is a characteristic feature of monumental architecture at the beginning of the twentieth century. Note how the heavy material has been consciously juxtaposed to the light, curved Art Nouveau lines of the wood-work of the windows, which also includes a door in Rococo style. Parkveien 32.

J.L. Mowinckels rederi. Olav Kyrres-
gate 9. På vei mot nyklassisisme, med
vekt på det utsøkte i valg og behand-
ling av materialer.
Arkitekt Leif Grung, 1924.

*J.L. Mowinckel's shipping company,
Olav Kyrresgate 9. Tending towards
Neo-Classicism, with an emphasis on
quality in the selection and treatment
of materials. Architect Leif Grung,
1924.*

Vesta-Hygea, Olav Kyrresgate 1. Nyklassisisme som tenderer mot engelskpreget renessanse. Som nabobygningen nr. 9 preget av utsøkt behandling av gedigne materialer. Arkitektene Arnesen og Kaarbø 1926.

Vesta-Hygea Insurance Company: Olav Kyrresgate 1. Neo-Classicism tending towards English Renaissance. Like its neighbor, number 9, this building is characterized by the refined treatment of quality materials. The architects were Arnesen and Kaarbø.

Fargeglede i Brattlien.

The joy of color on Brattlien ("The Steep Mountainside").

Noe mere tilknappet i Gamle Kalvedalsvei.

Somewhat more reserved on Gamle Kalvedalsvei.

Tilløp til meningsforskjell på Asylplass.

A hint of controversy at Asylplass ("Orphanage Square").

Den bergenske 1800-tallsarkitekturen er beskjeden i dimensjoner, men kan være monumental i sin bruk av klassiske virkemidler.

Bergen 19th Century architecture is modest in its dimensions, but it can be monumental in its use of classical effects.

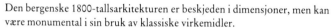

Art nouveau-stilen opptar i sin lek med de svungne linjer ofte trekk fra rokokko og Louis XVI. Bergens Handelsgymnasium, Kalfarveien 2. Arkitekt Jens Z.M. Kielland 1912.

In its playful use of curves, Art Nouveau often employs features from Rococo and Louis XVIth. Bergen School of Economics and Business; Kalfarveien 2. Architect Jens Z.M. Kielland, 1912.

Bergens eneste borgerlige palé. Rådstuplass 9 (Schreuderhuset, Stiftsgården eller Hagerupgården). Bygget like etter bybrannen 1702 av kongelig byggmester Hans Martin Heintz, etter danske forbilder. Portalens knekklist er her et tidlig trekk, som senere ble alminnelig i Bergen. Dør og vinduer fra Louis XVI og empire.

Bergen's only burgess mansion: Rådstuplass 9 (the Hagerup Manor). It was built shortly after the fire of 1702 by the royal master builder, Hans Martin Heintz, and was based on Danish models. The angular lines of the door mouldings are an early feature here, but became common in Bergen later. The doors and windows are Louis XVIth and Empire.

Svaneapoteket, Strandgaten 6. Arkitektene Arnesen og Kaarbø 1918. Det første nybygg i brannstrøket fra 1916. En sammenligning med Bergens Privatbank på det diagonalt motsatte hjørnet, reist av de samme arkitekter fem år tidligere, illustrerer de nye toner som nå er slått an. Det er nå lagt opp til en hjemlig preget nybarokk, både i byplan og arkitektur. Karakteristisk er detaljer som portaler og gesimsbånd i huggen stein og murankre i smijern mot rene, pussete murflater.

Svaneapoteket (The Swan Pharmacy): Strandgaten 6. Architects Arnesen and Kaarbø, 1918. The first new building in the district devastated by the 1916 fire. By comparing this building with the «Bergens Privatbank» on the corner diagonally opposite, built by the same architects five years earlier, we can see how styles have changed. Both in terms of city planning and of architecture, the aim was to create a vernacular Neo-Baroque effect. We find characteristic details such as portals and cornice bands in carved stone and wall anchors in wrought iron juxtaposed to clean, but rough plaster surfaces.

Tonen er her alt anslått i 1912 av Einar Oscar Schou (Teatrets arkitekt) med Telefonbygningen, Markeveien 1, som denne siden i sin helhet er viet. Bruken av råkopp og dørdetaljene viser at vi her ligger jugend-perioden nærmere. Vindusinnfatningen med bymerket er en ren parafrase over Stadsportens sydportal.

The tone here was already set in 1912 by Einar Oscar Schou (the architect who designed the theatre) with the Telephone Building, Markeveien 1, to which this entire page is given. The use of rubble stone and the details on the door indicate that this building is closer in style to the Art Nouveau period. The window frame with the city badge is a mere paraphrase of the south portal of the city gate. Luckily this building survived the 1916 fire, as the only one in its surroundings.

Bergens offentlige bibliotek. Arkitekt Olaf Nordhagen 1913. Nordhagens hovedoppgave var restaurerings-
arbeidene ved Trondheims domkirke. Bygningens første etasje med inngangsportalen bærer bud om hans interesse
for gotikken, mens de øvrige etasjer mere er preget av barokk. Legg merke til den personlige og nennsomme bruk
av råkoppmaterialet.

*The Bergen public library was designed by the architect Olaf Nordhagen and completed in 1913. Nordhagen is best
known for his restoration of the Trondheim Cathedral. The entrance and first floor of the Library reflect his
interest in Gothic, while the other floors are more marked by Baroque effects. Note the personalized, careful use
of rubble stone.*

Sigurdsgate 8. Oppført som «Stald og remisse» 1911 av arkitekt Egill Reimers.
Det er vanskelig å finne eksakte betegnelser til å karakterisere slike personlige frembringelser i den mere
romantisk pregete art nouveau-stil. Her er elementer av både sengotikk, renessanse og Louis XVI, alt smeltet
sammen til en kunstnerisk helhet. Karakteristisk er spillet mellom frilagt tegl og pussete flater.

Sigurdsgate 8: built as "Stable and remittance" in 1911 by the architect Egill Reimers.
It is difficult to find exact terms to describe these kinds of personalized designs in the more
romantic-influenced Art Nouveau style. We find here features that are late Gothic, Renaissance and Neo-Classical,
all combined in an artistic unity. The interplay between uncovered brick and plastered surfaces is characteristic.

Ikke inngangen til en bank, men til
Rasmus Meyers Samlinger. Når
kulturverdiene først er kommet på
museum i Bergen, voktes de like
omhyggelig som penger.

This is not the entrance to a bank, but
to Rasmus Meyer's Art Collections.
When cultural assets finally get into a
museum in Bergen, they are guarded as
carefully as money.

Mariakirken. Dørbeslag fra 1890-
årene.
St. Mary's Church: door fittings from
the 1890s.

Ja, sånn kan vi nå føle det noen hver.

Yes, all of us can feel like this.

Dørene kan bety mye for et gaterom.
Fra Lille Øvregate.

*Doors can mean a lot for a street: Lille
Øvregate.*

Ingen kirkedør, men hageport på Vetrlidsalmenning.

This is not a church door, but a garden gate on Vetrlidsalmenning.

Det mere tilfeldiges sjarm. Nordre Fjellsmug/Bernh. Meyers vei.

The charm of the more fortuitous: Nordre Fjellsmug/Bernh. Meyers vei.

Dørlås fra Bryggen.

A door lock from Bryggen.

Denne nyklassisistiske døren i Kong Oscarsgate er egentlig så fin at den kunne fortjene å stelles pent med.

This neo-Classical door on Kong Oscarsgate is actually of such good quality that someone should take care of it.

Uglemotiv og vegetabilske former som kapitelutsmykning på et ellers enkelt utstyrt hus av nybarokt preg. Nygårdsgaten 8. Arkitekt Einar O. Schou, 1916.

Owl motif and botanical shapes decorate the capital of an otherwise simply equipped house with a Neo-Baroque aura. Nygårdsgaten 8. Architect Einar O. Schou, 1916.

I gjennomført italiensk renessanse som bygningen selv er denne delfinprydede lyktestolpen foran Bergens Kreditbank. Men samme slags lyktestolper pryder også Themsbreddene i London.

Like the building itself, this lamp post decorated with a dolphin which stands in front of Bergens Kreditbank is executed in a consistent Italian Renaissance style. But similar posts adorn the Thames embankments in London.

Den svenske billedhuggeren Clas Børjeson har ikke bare laget en treffende og stilsikker statue av Ludvig Holberg. Utsmykningen av sokkelen, med groteske masker og festonger er like levende og stilsikker.

The Swedish sculptor Clas Børjeson not only created an apt, stylistically assured statue of the 18th century author Ludvig Holberg, he also decorated the pedestal with grotesque masks and festoons that are equally vital and just as well executed.

Dette håndslag med erme smaker sosial realisme. Nygårdsgaten 31.

This handshake with sleeves tastes of social realism. Nygårdsgaten 31.

Dette portaloverstykket i
en folkekunstlignende jugendbarokk bruker
vår strenge byhistoriske estet Chr.
Koren-Wiberg som eksempel på «nyt og slet».
Fra Halfdan Kierulfs gate.

This upper portion of gate from the
Art Nouveau-Baroque is used by a
strict contemporary aestheticist
as an example of the "new and awful".

Telegrafbygningen krones av kongekronen,
som den eneste billedlige utsmykning
på en sober arkitektur. Arkitekter
Anton Kielland og Finn Berner 1924–27.

The telegraph building is surmounted by the
royal crowns as only adornment on sober,
"Georgian" architecture.

Også utsmykningen av Bibliotekets midtgavl
bærer bud om arkitekt Nordhagens
middelalderbegeistring – her med bygningens
kommunale status som legitimasjon for bruken
av den tretårnete borg fra 1200-tallets bysegl.
Telelinsen avslører et restaureringsbehov.

The pediment decoration of the public library
also reflects architect Nordhagen's enthusiasm
for the Middle Ages. The telephoto lens
reveals that conservation is needed here.

Fabeldyret griff – halvt rov-
dyr, halvt rovfugl – er et yndet
motiv i nyrenessansens fasade-
dekor, men er kjent fra alle
perioder og stilarter helt tilbake
til mykensk kultur.

The mythological griffin –
with the body of a lion and the
head and wings of an eagle –
was a favorite motif in Neo-
Renaissance façade décor, but
it can be found in all periods
and types of styles back to
Mycenaean culture.

Løvemasker hører til renes-
sansens – og nyrenessansens
mest virkningsfulle dekorative
motiver. Her i en dyktig stili-
sert utgave som konsollmotiv
på Kong Oscarsgate 66. 1890-
årene

The lion mask was one of the
Renaissance's, and the Neo-
Renaissance's most striking
decorative motifs. This is a
well-executed, stylized version
used as a corbel motif on Kong
Oscarsgate 66, and stemming
from the 1890s.

Gavlfeltet tilhører Bergens
mest gjennomførte nyrenes-
sanse-villa, med klare forbil-
der i Palladios italienske
renessansearkitektur. Victoria-
tiden hentet med forkjærlighet
frem allegoriske figurer som
kunne henspille på byggher-
rens yrke eller interesser. Her
kunne det være rimelig å ten-
ke seg at figuren med hamme-
ren er smedguden Vulcanus.
Parkveien 9.
Huset er oppført i 1885–86
for ingeniør Schuman av
byggmester Svensvig og
tegnet av arkitekt J.D. Irgens
Faye.

These gables belong to the
most consistently executed
Neo-Renaissance villa in
Bergen, clearly modelled after
Palladio's Italian Renaissance
architecture. The Victorian
age made loving use of allego-
rical figures that could allude
to the owner's occupation or
interests. It is reasonable to
assume that this figure with a
hammer is Vulcan, the god of
metalworking. Parkveien 9.
The house was constructed in
1885–1886 for the engineer
Schuman by the master
builder Svensvig and designed
by the architect J.D. Irgens Faye.

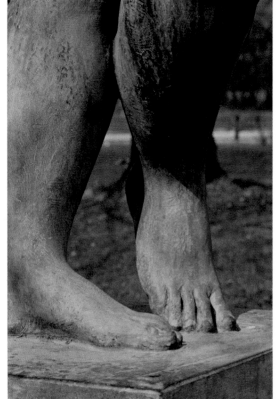

Atlas og Karyatide oppfyller her sin egentlige funksjon – å bære. Disse har interesse utover det å være et stilriktig innslag i Schak Bulls nyrenessanse-arkitektur. Som bygningens øvrige skulpturale utstyr er de trolig modellert av en ung kunsthåndverker fra Hardanger som snart skulle vinne internasjonal anerkjennelse som billedhugger: Ingebrigt Vik (hovedverk i Bergen Edvard Grieg-statuen) Christiesgate 14. 1897.

Here Atlas and Caryatide fulfill their original function of carrying. These figures are stylistically correct aspects of Schak Bull's Neo-Renaissance architecture, but they are also of interest for another reason. Like the rest of the building's sculpture, they are probably the work of a young craftsman from Hardanger who was soon to win international recognition as a sculptor: Ingebrigt Vik. His major work in Bergen is the statue of Edvard Grieg. This photograph is from Christiesgate 14. The building is from 1897.

Av mer anonym opprinnelse er denne gudinnefiguren. Fremstillingen av sunnhetens gudinne Hygiea på apoteket av samme navn i Nye Sandviksvei, er allikevel et velgjørende skulpturalt innslag i et ellers nøkternt miljø. Hun mater legekunstens hellige slange fra en skål.

This goddess has a less distinguished origin. The representation of Hygiea, the goddess of health, on the pharmacy of the same name on Nye Sandviksvei, is nevertheless a pleasant sculptural addition to an otherwise rather drab area. She is shown feeding from a bowl the holy serpent which represents the art of healing.

Svensgårdens gårdsmerke er mysteriet blant Bryggens gårdsmerker. Trolig er det et treenighetssymbol, som *kan* stamme fra en av byens forsvunne middelalderkirker.

Among the house emblems on Bryggen, that of Svensgården is a mystery. It is probably a symbol of the Trinity, and it may stem from one of Bergen's lost medieval churches.

Den heraldiske skipsfremstillingen over Nordenfjeldskes inngang er trolig hentet fra Bergens middelalderske bysegl. Inngangen mot Dreggsalmenning har rosen fra Trondheims segl.

This heraldic representation of a ship found above the entrance to The Nordenfjeldske Steamship Company is taken from the 13th century seal of Bergen.

Hjortegården kalles denne
bryggegården gjerne til daglig,
etter det utskårne og forgylte
gårdsmerket. Men gårdens
gamle og riktige navn er
Jakobsfjorden.

*This house on Bryggen is
usually called Hjortegården (Stag
House), after the carved gilt
emblem. But its correct name
is Jakobsfjorden.*

Uglen over en biblioteksinngang
taler for seg selv.

*This owl above the entrance to
the public library speaks for itself.*

Apotekenes talende symboler viser deres plass blant bysamfunnets eldste institusjoner. I prinsippet er de av samme sort som vertshusskilt og gårdsmerkene på Bryggen – skapt i en tid da lesekunsten var lite utbredt. Elefantapoteket på Øvregaten hører til byens yngre, mens Svaneapoteket er det eldste i landet – grunnlagt 1595 – gjenreist og monumentalt plassert i Strandgaten etter brannen i 1916.

These eloquent symbols attest to the place of the pharmacies among the city's oldest institutions. In principle, they are of the same type as the tavern signs and house emblems on Bryggen, created at a time when few people could read. The Elephant Pharmacy on Øvregaten is one of the youngest in Bergen, while the Swan Pharmacy is the oldest in all of Norway, founded in 1595, and rebuilt and monumentally positioned on Strandgaten after the fire of 1916.

Christiesgate 11 (mellom Nygårdsgaten og Gamle Nygårdsvei) har en pussdekor som nærmest synes inspirert av italiensk renessanses manieristiske retning. 1880-årene.

Christiesgate 11 (between Nygårdsgaten and Gamle Nygårdsvei) has a plaster décor that seems almost to have been inspired by Italian Renaissance Mannerism. It was built in the 1880s.

Den tidligere administrasjonsbygning for Det Nordenfjeldske Dampskibsselskab på hjørnet av Bradbenken og Dreggsalmenningen er byens fineste eksempel på vårt århundredes nyrenessanse, som mer bygger på nordisk slottsarkitektur på Christian IV's tid. Karnappet og de søylelignende hjørnefigurene («termer») er skåret i solid eik, som står fint mot fasadens tegl.
Arkitekt Carl Michaelsen 1919.

The former administration building for the Nordenfjeldske Steamship Company on the corner of Bradbenken and Dreggsalmenning is the city's best example of twentieth century Neo-Renaissance, which is mainly based on Scandinavian palace architecture from the time of Christian IVth. The bay and the column-like corner figures are carved from solid oak and are nicely juxtaposed to the tile of the façade. Architect Carl Michaelsen 1919.

Igjen et motiv fra Parkveien 9. Disse fantasivesener (vingete havmenn?), skal i motsetning til karyatider og atlanter gi inntrykk av å bære noe lett – hva de relativt sett også gjør. I en konstruksjon som dette synes også arkitekt og ingeniør å møtes på fullkommen vis.

Another motif from Parkveien 9. These fabulous creatures (Winged mermen?), in contrast to the caryatides and atlantes, give the impression that they are carrying a light load, which, relatively speaking, they are. In a construction such as this, the architect and the engineer appear to have worked together in complete harmony as well.

Fasadeskulptur og armatur

Bruk av skulptur i moderne forstand er et fenomen som kom sent i norske byer. Som på så mange områder har kongemaktens og særlig kirkens anlegg også her vært unntagelser. Fra middelalderen er imidlertid lite bevart. Noen av skulpturhodene på Håkonshallen er originale, noen skriver seg fra 1890-årenes restaurering. Fasadeskulptur av liknende karakter fra renessansen er bevart på Rosenkrantztårnet. De kirkelige anleggene som er bevart, er hovedsakelig preget av cisterciensernes enkelhetsidealer. Den romanske katedralen, Kristkirken, og den høygotiske Apostelkirken – begge på Holmen (Bergenhus) – har sikkert vært prydet med statuer, eller «herlige billeder», som Absalon Pedersøn Beyer omtaler dem.

I en tid hvor få kunne lese skrift, hadde kirkens billedkunst et videre siktemål enn bare å være prydkunst. Det samme kan sies om heraldikken. Våpenskjold og andre heraldiske motiver har nok smykket mer fornemme privathus, slik vi også kjenner det fra portaler og merkesteiner fra renessanse og barokk.

Også næringslivet har hatt sin brukskunst – i prinsippet beslektet med våre dagers reklameskilt. Som ubrutt tradisjon har vi dem bevart i gårdsmerkene på Bryggen. Oftest er det her sammenheng mellom gårdsnavn og merke. Som ved gamle adelsnavn kan det ofte være vanskelig å si hva som kom først – navn eller merke: Gullskoen, Engelgården, Enhjørningsgården etc. Fra barokkens hagekunst har vi bevart en del hagefigurer av vanlig europeisk type, men her helst skåret i tre og malt. Bergens første frittstående offentlige skulptur var den såkalte «Vandkunsten», som ble oppstilt på Torvalmenning i 1857. Den ble i 1868 avløst av Christiestatuen, som var Norges første monument av dette slag, og som etter bybrannen i 1916 ble flyttet til sin nåværende løveprydede sokkel foran den gamle museumsbygning.

Mye kunne sies om Bergens statuer og større skulpturer. De er imidlertid så vel kjent og ofte omtalt at vi i denne boken også på dette felt heller vil rette oppmerksomheten mot de mer anonyme frembringelsene, de som vi gjerne må løfte hodet eller bøye nakken for å få øye på. Det er skulpturen som underordnet ledd i arkitekturen eller som mer permanent reklame eller identifikasjon. Og det er skulptural utforming av alle slags offentlig armatur som fulgte med utviklingen av moderne urban service som offentlig belysning, vannverk og kommunikasjoner. Slike ting ble det lagt stor vekt på like frem til Den annen verdenskrig. Det var faktisk en del av bykulturen å ofre omtanke på den estetiske utforming av alt inventar i vårt felles uterom. Med overflodssamfunnet ble det merkelig nok annerledes.

Disse gesimsskulpturer på Biblioteket må skyldes arkitekt Nordhagens studium av gotiske katedraler, der særlig vannspyere i slekt med eselfiguren er alminnelige.

These cornice sculptures on the public library must be blamed on architect Nordhagen's study of Gothic cathedrals, where water jets in the shape of gargoyles are common.

Typisk for mellomkrigstidens nybarokk er spillet
mellom rene murflater, gjerne grovpusset og hvit-
eller gulkalket, og en enkelt berikende detalj, som
ornamentale ankerjern. Fra Årstadgjeilen.

*Characteristic of Neo-Baroque between the wars is
the interplay between unembellished plaster surfaces,
often roughly finished and whitewashed in white or
yellow, and with a single enhancing detail such as an
ornamental tie rod. From Årstadgjeilen.*

I slekt med de middelalderske gårdsmerker på
Bryggen er denne hanen fra Sydneshaugen. Et
overraskende overskuddsfenomen i et ellers nøkternt
trehusmiljø. Sydnesgaten 12–14.

This rooster from Sydneshaugen is related to the
medieval house emblems on Bryggen, a surprising
surplus element in an otherwise drab collection of
wooden houses. Sydnesgaten 12–14.

Façade sculpture and fittings

The use of sculpture in a modern sense is a phenomenon that came late to Norwegian cities. As in so many cases, royal and, in particular, religious buildings were an exception here as well. Little, however, has been preserved from the Middle Ages. Some of the busts on King Håkon's Hall are originals, others derive from the restoration in the 1880s. Similar façade sculpture from the Renaissance has been preserved on Rosenkrantz Tower. The ecclesiastical buildings that have been preserved are, for the most part, characterized by the Cistercian ideal of simplicity. The Romanesque cathedral, Kristkirken (Christ's Church), and the high Gothic Apostelkirken (Church of the Apostles) – both located on Holmen (Bergenhus) – were almost certainly decorated with statues or "glorious images," as described by a 16th century author.

During a period when few people were literate, the pictorial art of the church filled more than a merely decorative function. The same may be said of heraldry. Coats of arms and other heraldic motifs certainly adorned the more distinguished private houses, as they did gates and owners' plaques from the Renaissance and the Baroque.

The business community too has had its applied art, related in principle to the advertising signs of our own day. As an unbroken tradition, it has been preserved in the

I suveren beherskelse av art nouveaustilens glidende linjer og mesterlig samspill mellom materialer og bygningsledd har arkitektene Arnesen og Kaarbø skapt dette trappegelenderet på Bergens Privatbanks bygning.

Architects Arnesen and Kaarbø designed this staircase for the Bergens Privatbank building with a sovereign command of Art Nouveau's flowing lines and masterful interaction between materials and building structure.

emblems of the buildings on Bryggen (The Hanseatic Wharf). In most cases there is a connection between these emblems and the name of the building. As in the case of old aristocratic family names, it is often difficult to determine which came first, the name or the emblem: Gullskoen (the Golden Shoe), Engelgården (Angel House), Enhjørningsgården (the Unicorn's House), and so on. From the garden art of the Baroque, a number of garden figurines have been preserved of a common European variety, but in this case carved in wood and painted.

Bergen's first free standing public sculpture was the so-called "Vandkunsten" (the water art), which was erected on Torvalmenning in 1857. In 1868 it was replaced by the statue of W.F.K. Christie (prominent politician connected with the 1814-constitution), the first monument of its kind in Norway. This was in turn moved after the fire of 1916 to its present, lion-adorned pedestal in front of the main building of the former Bergen Museum.

Much could be written about Bergen's statues and larger sculptures. But they are so well known and so frequently commented upon that we shall rather direct our attention, as we have in connection with other subjects, to more anonymous products, the kind that we must exert ourselves to discover. These are sculptures as a subordinate part of architecture or as a more permanent form of advertising or identification. And they include the sculptural design of all kinds of public fittings that followed the development of such modern urban services as public lighting, water works, and communication. These things were considered important up to the second world war, and it was in fact a part of urban culture to offer attention to the aesthetic design of everything that occupied a place in the collective environment. Strangely enough, things have changed in our own affluent society.

Fullt så forutseende har arkitekt Schirmer neppe vært. Men nattsafen på Bergens Kreditbank er så stilsikker at den knapt kan tilskrives noen senere og ringere enn Schak Bull.

Architect Schirmer was hardly as prescient. But the night safe of Bergens Kreditbank displays such a sure feeling for style that it cannot be attributed to anyone later or of less stature than Schak Bull.

Vår og nyklassisisme i Gamle Kalvedalsvei.

Spring and Neo-Classicism on Gamle Kalvedalsvei.

Parkbenk i grenverksimiterende
smijern fra jugendperioden.
Fra Gamle Bergen.

*A park bench from the Art
Nouveau period with a
branch-like design in wrought
iron: Gamle Bergen.*

Lyktestolpe ved «Permanenten» (Kunstindustrimuseet.)
Lamp post at The Permanent Exhibition Building.

To slike lykter flankerer ho-
vedinngangen til Bergens ær-
verdige 1500-talls rådhus.
Men de kan ikke lyve seg fra
sin jugend-opprinnelse.

*Two lamps like these flank the
main entrance to Bergen's ven-
erable sixteenth century city
hall. They do not, however,
disguise their Art Nouveau
origin.*

Ornamentalt utformet klokke på hus fra begynnelsen av 1900-tallet. Vetrlidsalmenning.

An ornamentally designed clock on a house from the early twentieth century: Vetrlidsalmenning.

Brannvesenet har lange tradisjoner i Bergen, men har nok det meste av sin tid vært avhengig av mer iøyne- og iørefallende varslingsmidler enn disse relativt diskrete brannmelderne. Når de til tider har virket så tiltrekkende på tjuaguttene at det må trues med straff, så skyldes det nok andre ting enn deres estetiske kvaliteter.

The fire department has a long tradition in Bergen, but for most of its existence, it has depended upon more visually and aurally obtrusive warning systems than these relatively discreet fire alarms. The fact that they at times so intrigued the street boys of Bergen that the police rather than the firefighters have responded is certainly not due to their aesthetic qualities.

Bikuben skulle tyde
på at her har fliden
holdt til huse – og
kanskje gjør den det
ennå.

*This bee-hive indicates
that this has been a
place of diligent work,
and perhaps still is.*

Et uthengsskilt som
dette bygger på de
beste tradisjoner og er,
foruten å være en pryd
i seg selv, reklame i
beste forstand for fag-
mannen.
Fra Skuteviksveien.

*A sign like this is based
on the best traditions
and, along with being
a joy in itself, is an
advertisement in the
best sense of the word.
From Skuteviksveien.*

Rokken kan med full
rett stå som symbol
for de flittige kvinne-
hender. Og her er det
ikke bare fliden, men
Husfliden som holder
til.

*The spinning wheel is
a fully justifiable
symbol for industrious
female hands. And
here we find not just
industriousness, but a
shop for its products,
home crafts.*

Bugården på Bryggen har bumannen eller bonden som merke. Figuren henspiller nok og på tømmermannsbonden fra Osterøy, som gang på gang har bygget Bryggen og byen opp igjen etter århundreders branner. Ved brannen i 1955 ble bare den ene av Bugårdens to sjøstuer – med bumannen – stående

Bugården on Bryggen has a farmer craftsman as its emblem. This figure surely alludes to the carpenter farmers from Osterøy (Oster Island), who time after time rebuilt Bryggen and the city after the great fires. After the fire of 1955 only one of Bugården's two gabled front houses – with the farmer – was left standing.

Bak de ovale gluggene øverst i bryggegårdens sjøfasader ligger flaggstenger på sleder, klar til å kjøres frem på de store dager – en århundregammel tradisjon.

Behind the small oval gable windows on Bryggen's sea front houses are flagposts ready to be wheeled out for important occasions, a centuries-old tradition.

Skuteviksbodene går tilbake til 1600-tallet.

Skuteviken's store houses originated in the seventeenth century.

De stående gårdene på Bryggen er reist etter brannen i 1702.

The houses that we see on Bryggen were raised after the fire of 1702.

Utstyr som klokker og skrevne navn hører nyere tid til.

Equipment such as clocks and written names belong to more recent times.

Kirkegårder og gravminner

Gravkunsten er et langt og rikt kapittel i kunst- og kulturhistorien. På bykirkegårdene har det alltid vært trangt om plassen, og lite eller intet er bevart her fra før midten av 1700-tallet. Her følger et lite utvalg fra 1800-tallet: Fra klassisisme til nygotikk. Hvor intet annet er nevnt, er motivet fra Assistentkirkegården ved Stadsporten.

Dette bildet er som de fleste i denne serien fra Assistentkirkegården ved Stadsporten. Den lå en gang fredelig mellom et rent Lungegårdsvann og promenadestrøket Kalfarveien – i dag mellom jernbane og riksvei, men stadig en idyll i seg selv. Samspillet mellom nygotiske former, gammel plen og verdige trær er nesten som i den romantiske nygotikks hjemland England.

Like most of the others in this series, this photograph was taken in the Assistent Cemetery next to the city gate. At one time it was located peacefully between an unpolluted Lungegård's Lake and the elegant walk, Kalfarveien. Today it is flanked by the railroad and a state highway, but it is still idyllic in itself. The interplay between Neo-Gothic forms, the ancient lawn and the stately trees is reminiscent of what can be found in the home of romantic Neo-Gothic, England.

Gravmæle over Helene Schuman, død 1822. Den sørgende kvinneskikkelse ligger på toppen av en avkuttet marmorpyramide. (Smijernsgjerdet er et senere kirkegårdsgjerde.) Visstnok utført i Tyskland. Fra Mariakirken.

A monument to Helene Schuman, who died in 1822. The woman in mourning is lying on top of a severed marble pyramid. (The wrought iron fence is of later date.) It was probably made in Germany. From St. Mary's Churchyard.

I gjennomført nygotikk er dette støpejernsgravmælet og smijernsgitteret.

This cast iron monument and wrought iron lattice work are consistent Neo-Gothic.

Et romantisk møte mellom nyrokokko og nygotikk finner vi i denne støpejernsbenken.

Highly romantic is this unification on a cast iron bench of pseudo rococo and sham gothic.

Disse navneplatene med barokkpreget englebekroning var populære i 1800-årene, annen halvdel og ble levert av Wiingaards jernstøperi. Denne er fra 1862.

These name-plates with Baroque influenced angels were popular in the nineteenth century and were produced by Wiingaard's iron works. This one is from 1862.

Cemeteries and tombstones

Funereal art is a long and rich chapter in art cultural history. The graveyards have always been crowded, and little or nothing has been preserved from the time before the middle of the eighteenth century. We have here a small selection from the nineteenth century; from Neo-Classicism to Neo-Gothic. Except where noted, these motifs have been taken from the "Assistent" Cemetery next to the city gate.

Stram og veldisiplinert nygotikk. De andre bildene her viser hva vegetasjonen betyr for en kirkegård – både gamle staselige trær og «ugress» som løvetann. Den siste spiller her sammen med smijernsgitteret på rent klassisk vis.

Strict, well-disciplined Neo-Gothic. The other photographs show how important vegetation is for a cemetery both ancient, stately trees and «weeds» like these dandelions. The latter interact here with the wrought iron lattice work in a purely classical style.

Sommerfuglen som sjelens bilde er av de klassiske symboler som blir mest populære under klassisismen. Minnesmerke på Mariakirkegården over Jungfrau Helena Hasselmann 1846.

The butterfly as a symbol of the soul is one of the classical images that was most popular during the Neo-Classical period. Memorial in St. Mary's Churchyard to Jungfrau Helena Hasselmann, 1846.

Også Eros eller Amor kan opptre i gravkunsten – gjerne tolket som «dødens genius». Klassisismen hadde ikke alltid full forståelse for innholdet i de klassiske motiver. Fra Mariakirkegården.

Eros or Amor, the god of love, also appears in funereal art, often interpreted as the "spirit of death". Neo-Classicism did not always fully understand the content of classical motifs. From St. Mary's Churchyard.

Korset med trepassformete armender er en nygotisk form som blir populær fra midten av 1800-årene.

A cross with trifoil shaped ends of arms is a Neo-Gothic design that became popular in the middle of the nineteenth century.

Så enkelt og verdig kan det gjøres.

It can be done this simple and with this much dignity.

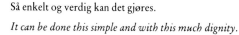

En annen gotiserende korsform.

Another gothicized cross.

Symbolet for «Tro, håp og kjærlighet» er stadig like velkjent. Familiegravsted Dietrichson.

The symbol of "Faith, Hope and Charity" is as well known today as before. The Dietrichson family plot.

Typiske for senklassisismen er slike granittstøtter med marmorrelieffer i Thorvaldsens ånd. Her den sørgende Eros eller genius.

Granite columns like these, with marble reliefs influenced by Thorvaldsen, are characteristic of late Neo-Classicism. This is a mourning Eros or spirit.

Dekor som henspiller på avdødes yrke forekommer. Sabel og pistol må utvilsomt betegne en militærperson. Den brukne søyle er ellers et kjent symbol. Men her skyldes vel bruddet helst beklagelig hærverk.

We can find décor that alludes to the deceased's profession. The sword and pistol undoubtedly denote a military man. The broken pillar is a well known symbol, but in this case it is unfortunately a result of vandalism.

110

Boken, fotografen og forfatteren

Disse fotografiske observasjoner fra Bergens arkitektur ble vist på en utstilling i Bryggens Museum, Bergen, i september og oktober 1978. Jeg har selv valgt ut bildene, men de ville ikke ha fått sin nåværende utforming uten alle de forslag, kommentarer, oppmuntringer og ideer jeg har fått fra en rekke mennesker. Jeg vil gjerne takke alle som har gjort dette mulig. Enkelte fortjener imidlertid en spesiell takk, i første rekke familien Liisberg – og særlig Merete og Halfdan – som ga meg ideen til å fotografere Bergen og for deres gjestfrihet som gjorde Bergen til et hjem for meg. Jeg takker Rolf Moe-Nilssen for oppmuntring i mine første forsøk på å få utgitt noen av fotografiene. Jeg vil også rette en takk til Astrid Aarland som lanserte ideen om en utstilling i Bryggens Museum, og til Inga Lundström og museets ansatte for støtte og oppmuntring som førte til at utstillingen ble så vellykket. Utstillingen ville ikke ha kommet i stand uten Karen Elisabeth Pihls enestående og iherdige hjelp med forberedelsene. Jeg tilegner henne min del av dette prosjektet.

Knut Lie og Olaf Hexum i Universitetsforlaget fortjener takk både for ideen om å gi ut bildene i bokform og for oppmuntring og redaksjonelle kommentarer i bokens tilblivelsesfase.

Jeg takker også Wanda Srebro som skisserte bokens layout og som tålmodig prøvde å oppfylle mine krav og ønsker for utformingen.

Christopher Korch

Christopher Korch – bosatt i Bergen fra 1974 til 1980 – er både genetiker og fotograf, og har hatt flere utstillinger og et fjernsynsprogram i de senere årene. Hans sans for de symmetriske elementer i naturen gjenspeiler seg i fotografier av arkitektoniske detaljer. Bergen har en spesiell betydning for ham, ikke bare på grunn av byens vakre beliggenhet, men også på grunn av de utallige arkitektoniske stilarter som har samlet seg her i tidens løp. I dag når koselige eldre trehus ofte blir revet for å gi plass til bygninger av glass og stål, håper Christopher Korch å skape en mer bevisst holdning til denne enestående arkitektoniske arv. Ved å klargjøre de ulike tradisjoner og deres sjarm kan man kanskje hindre at denne rikdommen blir ødelagt av forsømmelse og uvitenhet.

Per Jahn Lavik er født i Bergen i 1935, og har magistergrad i nordisk arkeologi fra Universitetet i Bergen. Lavik var sekretær i Foreningen til Norske Fortidsminnesmerkers Bevaring, avdeling Bergen, fra 1961–68, og fra 1969 er han distriktsantikvar for Vestlandet. Lavik er særlig opptatt av og arbeider mest med bygningsbevaring og nyere tids arkitektur. Han har gitt ut en rekke artikler om disse emner.

The Book, its Photographer, and Author

These photographic observations of Bergen architecture appeared as an exhibition at Bryggens Museum of Bergen in September and October, 1978. Although they are of my own choosing they would not have evolved into their present form without the suggestions, comments, encouragement, and ideas of many individuals. I wish to thank them all, but there are too many to name here. However, there are a few individuals who deserve special acknowledgement. First, I wish to thank the Liisberg family, in particular, Merete and Halfdan, for giving me the idea of photographing Bergen and for their continuous and open hospitality that made Bergen a home for me. I am indebted to Rolf Moe-Nilssen for his enthusiastic encouragement of my early attempts to publish some of these photographs. I am indebted to Astrid Aarland for having suggested the idea of doing an exhibition at Bryggens Museum, where the support and encouragement of Inga Lundström and the museum's staff made it possible for the exhibition to be such a success. The exhibition would not have been such a success without the excellent and persistent help of Karen Elisabeth Pihl in all phases of its preparation. It is to her I dedicate my part of this endeavour.

Messrs. Knut Lie and Olaf Hexum of Universitetsforlaget deserve both credit for the idea of publishing these photographs in book form and gratitude for their encouragement and editorial comments during the book's assembly process.

I am indebted to Wanda Srebro who designed the book's excellent layout and for her patience in trying to satisfy my requirements and desires for the book's form.

Christopher Korch

Christopher Korch, living in Bergen from 1974–1980, is professionally a geneticist and a photographer. He has had several exhibitions and a television program in recent years. His interest in the small microscopic world of nature, filled with elements of symmetry, is reflected in his photographs of architectural details. Bergen has a special attraction for him, not only because of its beautiful surroundings, but also because of the collage of architectural styles that have accumulated there through the ages. And today with the charming old wooden buildings being displayed by the efficient edifices of glass and steel, Christopher Korch hopes to make Bergenites aware of their unique architectural heritage. Perhaps by being cognizant of the diverse architectural traditions and charm can one prevent this wealth from being eroded by neglect and ignorance.

Per Jahn Lavik was born in Bergen in 1935, and received his Master's degree in Nordic Archaeology from the University of Bergen. Lavik was secretary to the Bergen branch of the Norwegian Society for the Protection of Ancient Monuments from 1961–68, and from 1969 he has worked as state antiquarian for the region of Western Norway. In this connection he has mostly worked with the preservation of buildings and post medieval architecture. Several of his articles on these topics have been published.